Impressum
Verlag: BABADADA GmbH, Nedderfeld 112 , 22529 Hamburg
Geschäftsführer / Verlagsleitung: Harald Hof
Druck: Books on Demand GmbH, In de Tarpen 42, 22848 Norderstedt

Imprint
Publisher: BABADADA GmbH, Nedderfeld 112 , 22529 Hamburg, Germany
Managing Director / Publishing direction: Harald Hof
Print: Books on Demand GmbH, In de Tarpen 42, 22848 Norderstedt

sekolo
école

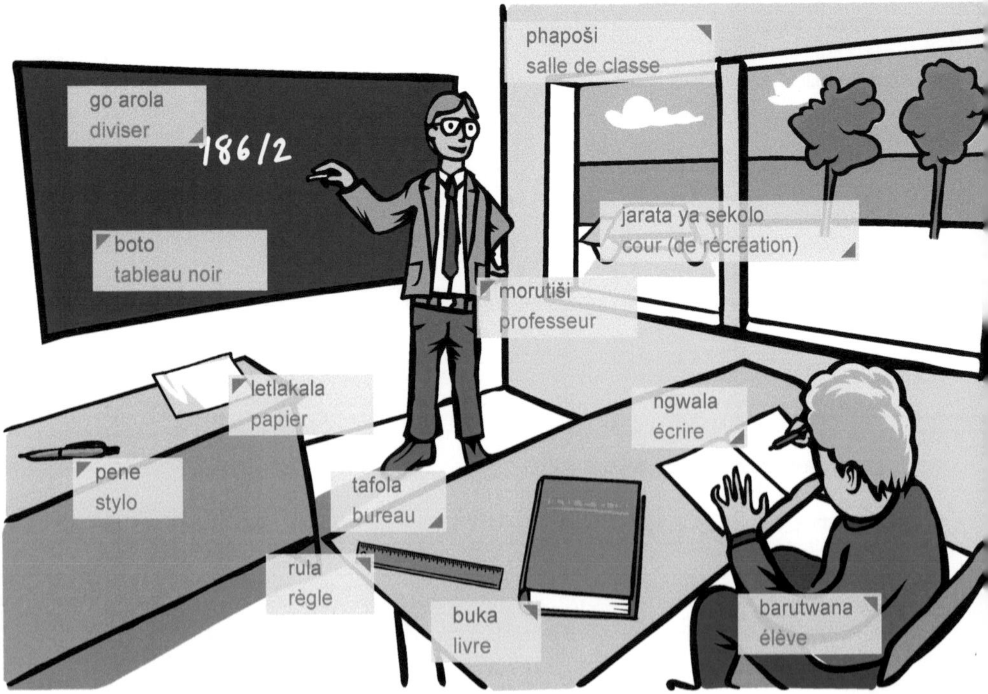

phapoši
salle de classe
go arola
diviser
186/2
boto
tableau noir
jarata ya sekolo
cour (de récréation)
morutiši
professeur
letlakala
papier
ngwala
écrire
pene
stylo
tafola
bureau
rula
règle
buka
livre
barutwana
élève

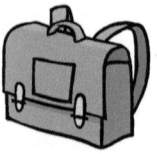

peke
cartable

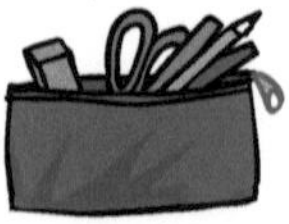

kheise ya phensele
trousse

phensele
crayon

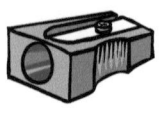

motšhene wa go betla phensele
taille-crayon

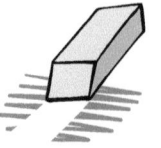

rabhara
gomme

phede ya ho thala
carnet à dessin

go thala
dessin

borashe ya go penta
pinceau

lepokisi la go penta
boîte de peinture

sekero
ciseaux

sekgomaretši
colle

puku ya go ngwala
cahier d'exercices

mošomo wa gae
devoirs

nomoro
chiffre

tlatša
additionner

go ntšha
soustraire

go atiša
multiplier

khalekhuleitha
calculer

lengwalo
lettre

alefapete
alphabet

lentšu
mot

mongolo

texte

bala

lire

tšhoko

craie

thuto

leçon

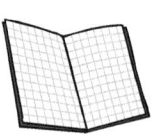

puku ya maina

livre de classe

thuto

examen

setifikeite

certificat

diaparo tša sekolo

uniforme scolaire

thuto

formation

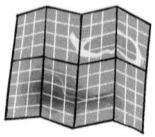

encyclopedia

lexique

yunibesithi

université

maekrosekoupo

microscope

mmapa

carte

pasekete ya matlakala a
ditšhila

corbeille à papier

hotele
hôtel

Grand

hosetele
auberge

ROOMS

felo la go fetola tšhelete
ureau de change

ÉCHANGE

D

sutukheise
valise

koloi
voiture

Leleme

langue

ee / aowa

oui / non

Go lokile

d'accord

Dumela

Salut

mofetoledi

interprète

Re a leboga

merci

... ke bokae?

Combien coûte...?

ga ke kwešiše

Je ne comprends pas

bothata

problème

Thobela!

Bonsoir !

Meso e mebotse!

Bonjour !

Robala botse!

Bonne nuit !

šala gabotse

Au revoir

keletšo ya tsela

direction

peke

bagages

peke

sac

mokotla wa dipuku

sac-à-dos

moeng

hôte

phapoši

pièce

pekana ya go robala

sac de couchage

mokhukhu

tente

boitsebišo bja moeti
office de tourisme

lewatleng
plage

karata ya mokitlana
carte de crédit

dijo tša mesong
petit-déjeuner

matena
déjeuner

dijo tša mantšiboa
dîner

thikethe
billet

lifithi
ascenseur

setempe
timbre

border
frontière

setlwaedi
douane

embassy
ambassade

visa
visa

phasepoto
passeport

senamelwa

transport

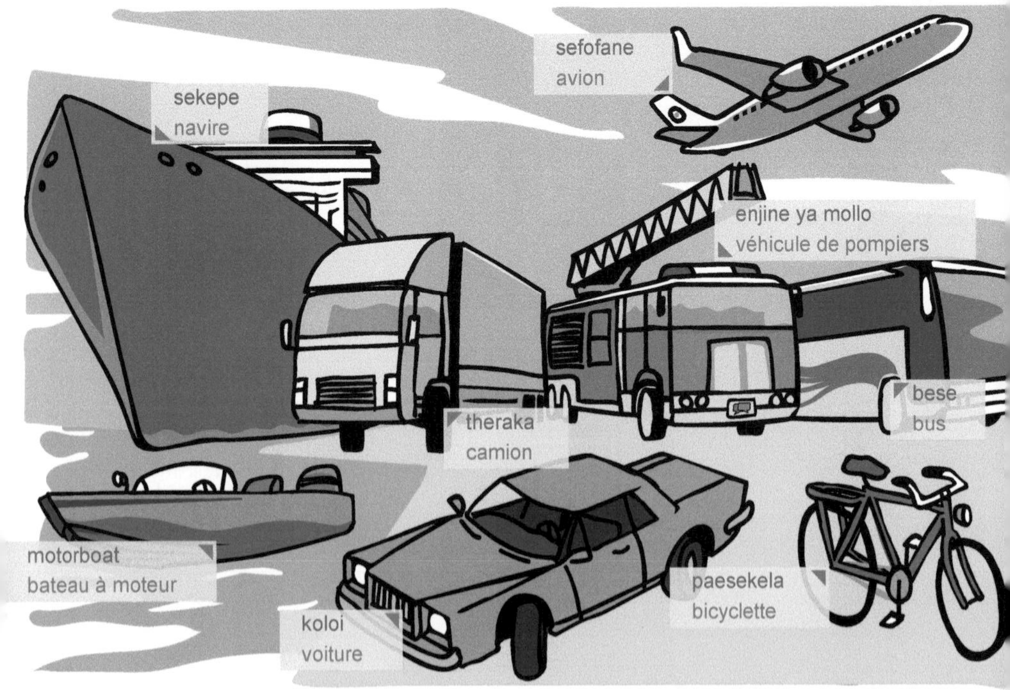
sefofane
avion
sekepe
navire
enjine ya mollo
véhicule de pompiers
bese
bus
theraka
camion
motorboat
bateau à moteur
paesekela
bicyclette
koloi
voiture

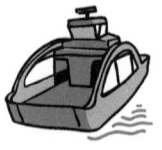

feri

ferry

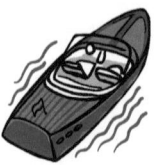

sekepe

barque

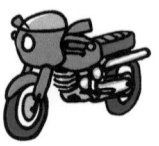

sethuthuthu

moto

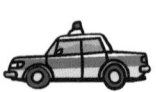

koloi ya maphodisa

voiture de police

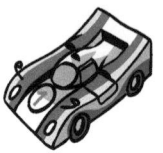

koloi ya go šiašiana

voiture de course

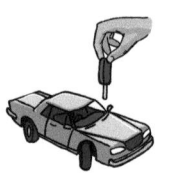

koloi ya go rentišwa

voiture de location

go arogana koloi

auto-partage

theraka ya go goga

voiture de remorquage

theraka ya ditlakala

benne à ordures

mmotho

moteur

makhura

essence

seteišene sa makhura

station d'essence

leswao la therafiki

panneau indicateur

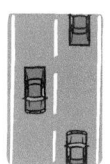

therafiki

trafic

therafiki

embouteillage

felo la go phaka dikoloi

parking

seteišene sa terene

gare

tsela

rails

terene

train

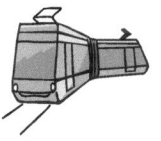

theramo

tramway

koloi

wagon

sefofane

hélicoptère

boemafofane

aéroport

serokami

tour

monamedi

passager

seswari

conteneur

lepokisana

carton

khathe

chariot

basket

corbeille

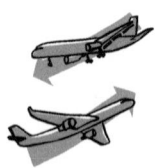

go tloga / go kwatama

décoller / atterrir

toropo
ville

motse

village

bogareng bja toropo

centre-ville

ntlo

maison

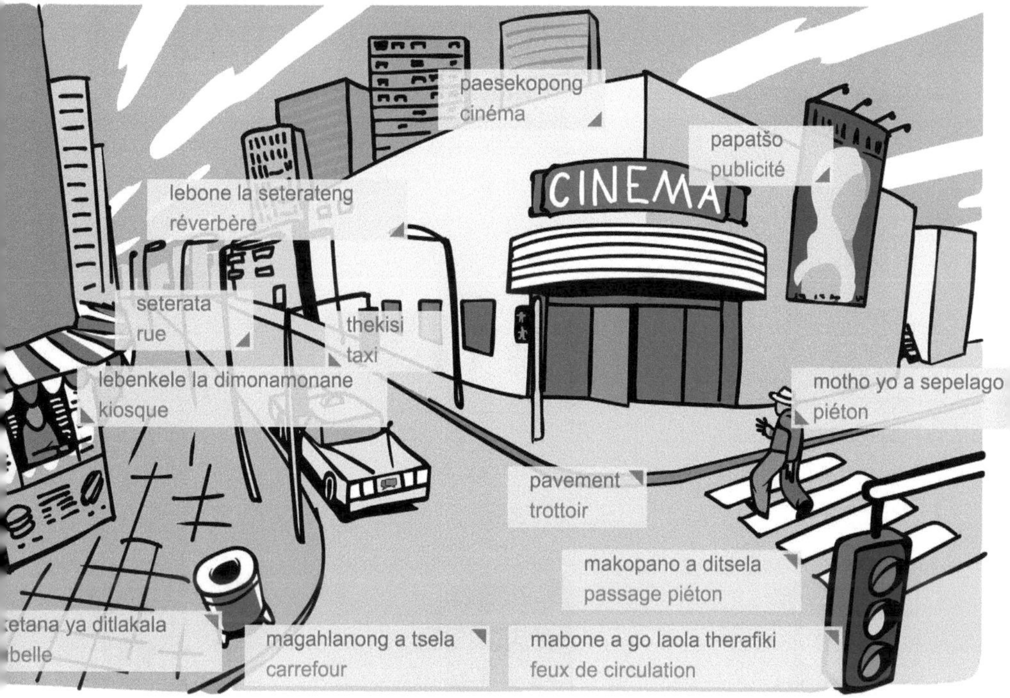

paesekopong
cinéma

papatšo
publicité

lebone la seterateng
réverbère

CINEMA

seterata
rue

thekisi
taxi

lebenkele la dimonamonane
kiosque

motho yo a sepelago
piéton

pavement
trottoir

makopano a ditsela
passage piéton

...etana ya ditlakala
...belle

magahlanong a tsela
carrefour

mabone a go laola therafiki
feux de circulation

mokutwana
cabane

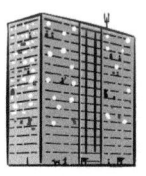

folete
appartement

seteišene sa terene
gare

holo ya toropong
mairie

museamo
musée

sekolo
école

yunibesithi
université

panka
banque

sepetlele
hôpital

hotele
hôtel

lebenkele la dihlare
pharmacie

ofisi
bureau

lebenkele la dipuku
librairie

lebenkele la dijo
magasin

lebenkele la matšoba
fleuriste

lebenkele la dihlare
supermarché

mmakete
marché

lebenkele la dilo tše dintši

grand magasin

fishmonger's
poissonnerie

lefelo la mabenkele
centre commercial

boemakepe
port

phaka

parc

bench

banque

leporogo

pont

ditepisi

escaliers

ka tlase

métro

thanele

tunnel

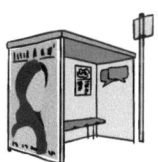

boemela pese

arrêt de bus

bar

bar

lebenkele la dijo

restaurant

lepokisi la poso

boîte à lettres

leswao la seterata

panneau indicateur

mithara wa go phaka koloi

parcmètre

zuu

zoo

letamo la go rutha

piscine

lefelo la mamoseleme

mosquée

polasa

ferme

tšhilafalo

pollution

mabitla

cimetière

kereke

église

lefelo la go bapala

aire de jeux

tempele

temple

lefelo la dithaba
paysage

letlakala
feuille

leswao la tsela
panneau indicateur

tsela
chemin

lefelo kgauswi le noka
pré

letlapa
pierre

mophara thaba
randonneur

mohlare
arbre

noka
rivière

bjang
herbe

letšoba
fleur

tsela
vallée

thaba
montagne

letangwana la meetsi
lac

sethokgwa
forêt

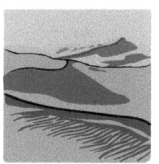

leganata
désert

thabamollo
volcan

ntlo e kgolo
château

molalatladi
arc-en-ciel

mushroom
champignon

palm tree
palmier

monang
moustique

fofa
mouche

ditšhošwane
fourmis

nosi
abeille

segokgo
araignée

khunkhwane

coléoptère

segwagwa

grenouille

squirrel

écureuil

noko

hérisson

mmutla

lièvre

leribiši

chouette

nonyana

oiseau

mogolodi

cygne

kolobe ya naga

sanglier

phuthi

cerf

phuthi

élan

letamo

barrage

wind turbine

éolienne

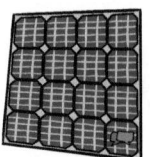

phanele ya solar

panneau solaire

leratadima

climat

lebenkele la dijo
restaurant

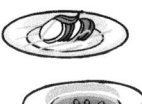

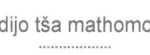

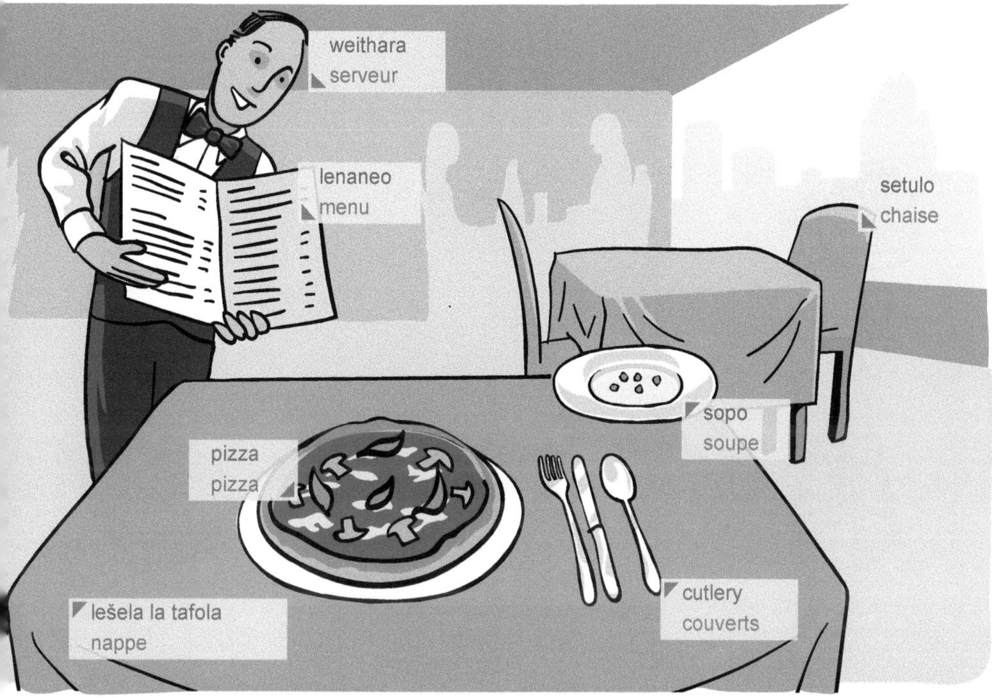

weithara
serveur
lenaneo
menu
setulo
chaise
sopo
soupe
pizza
pizza
cutlery
couverts
lešela la tafola
nappe

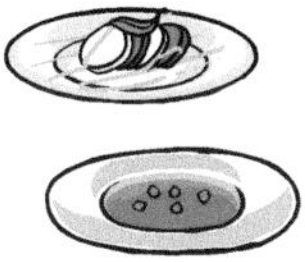

dijo tša mathomo

hors d'œuvre

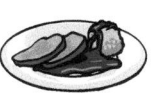

dijo

plat principal

dimonamonane

dessert

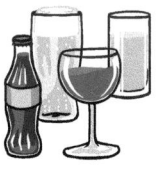

dino

boissons

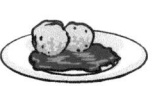

dijo

alimentation

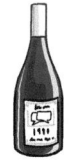

lepotlelo la ngwana

bouteille

fastfood

fast-food

dijo tša seterateng

plats à emporter

ketlele ya tea

théière

poleitana swikiri

sucrier

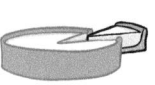

karolo

portion

motšhene wa espresso

machine à expresso

setulo sa godimo

chaise haute

tefo

facture

therei

plateau

thipa

couteau

foroko

fourchette

lelepola

cuillère

lelepola

cuillère à thé

lešela la go iphomola

serviette

galase

verre

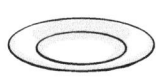

poleite

assiette

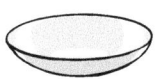

poleite ya sopo

assiette à soupe

sosara

soucoupe

moroto

sauce

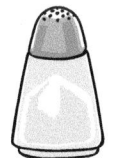

poto ya letswai

salière

sešila phepha

moulin à poivre

vinegar

vinaigre

makhura

huile

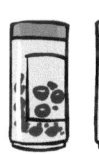

sepaese

épices

tamatisoso

ketchup

masetete

moutarde

mayonnaise

mayonnaise

lebenkele la dihlare

supermarché

dithekišo tša tlase
offre promotionnelle
FOR
moreki
client
dijo tša go ba le maswi
produits laitiers
dikenywa
fruits
teroli
chariot

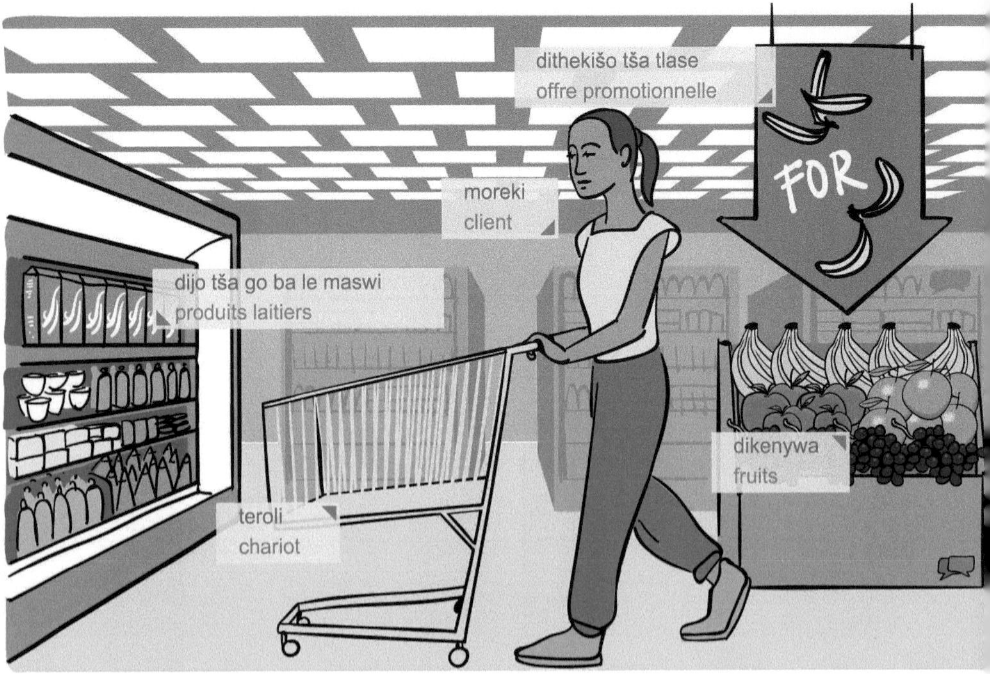

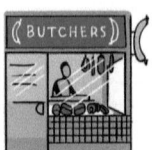

BUTCHERS

selaga

boucherie

BAKERY

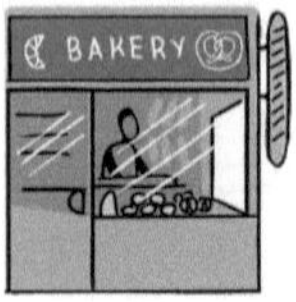

moapei wa dikuku

boulangerie

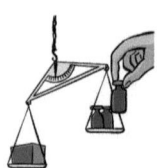

kala

peser

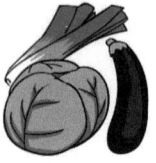

merogo

légumes

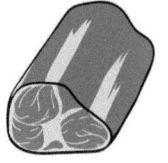

nama

viande

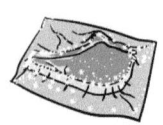

dijo tše gahlišitšwego

aliments surgelés

nama ya go tonya

tinned food

charcuterie

conserves

sešepi sa go hlatswa

poudre à lessive

dimonamonane

bonbons

dilo tša ka ntlong

articles ménagers

didirišwa tša go hlwekiša

détergents

morekiši

vendeuse

till

caisse

morekiši

caissier

naneo la tše rekišwago

liste d'achats

diiri tša go bula

heures d'ouverture

sepatšhe

portefeuille

karata ya mokitlana

carte de crédit

peke

sac

peke ya polasetiki

sac en plastique

meetsi

eau

Juice

jus de fruit

maswi

lait

coke

coca

beine

vin

bhiri

bière

bjala

alcool

cocoa

chocolat chaud

tea

thé

kofi

café

espresso

expresso

cappuccino

cappuccino

banana
banane

apola
pomme

namome
orange

melon
melon

namone
citron

carrot
carotte

garlic
ail

bamboo
bambou

keiye
oignon

mushroom
champignon

ditokomane
noisettes

noodles
pâtes

spaghetti

spaghetti

raese

riz

salate

salade

ditšhipisi

pommes frites

matapola a gadikilwego

pommes de terre rôties

pizza

pizza

hambeka

hamburger

sandwich

sandwich

cutlet

escalope

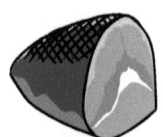

ham

jambon

salami

salami

sausage

saucisse

kgogo

poulet

gadika

rôti

hlaphi

poisson

bogobe bja oats

flocons d'avoine

muesli

muesli

cornflakes

cornflakes

folouro

farine

croissant

croissant

dipanse

petits-pains

borotho

pain

toaster

pain grillé

dipisikiti

biscuits

botoro

beurre

curd

le fromage blanc

kuku

gâteau

lee

œuf

lee le gadikilwego

œuf au plat

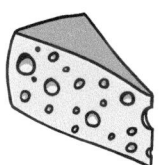

tshese

fromage

ice cream

glace

swikiri

sucre

todi ya dinosi

miel

jeme

confiture

chocolate spread

crème nougat

curry

curry

polasa

ferme

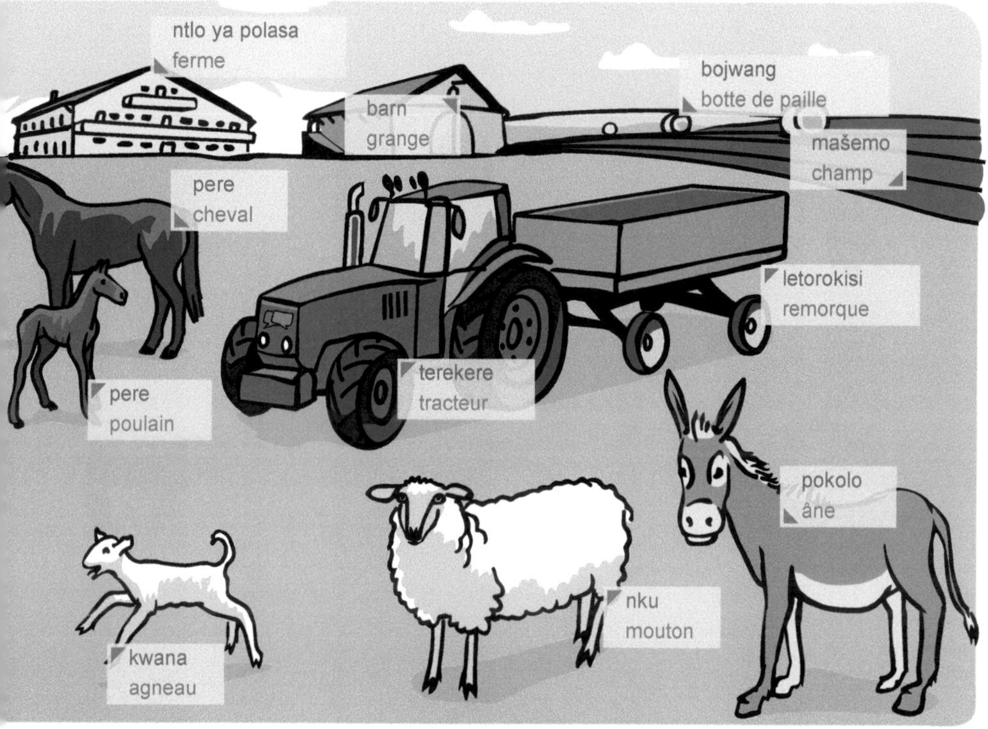
ntlo ya polasa
ferme
barn
grange
bojwang
botte de paille
mašemo
champ
pere
cheval
letorokisi
remorque
terekere
tracteur
pere
poulain
pokolo
âne
nku
mouton
kwana
agneau

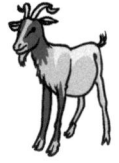

pudi

chèvre

kgomu

vache

namane

veau

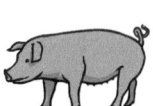

kolobe

porc

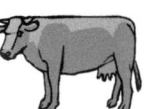

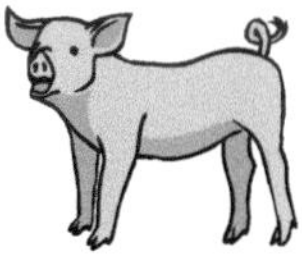

kolobjana

porcelet

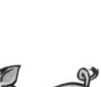

poo

taureau

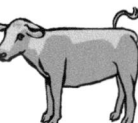

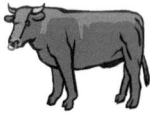

leganse

oie

leganse

canard

letswienyane

poussin

kgogo

poule

mokoko

coq

legotlo

rat

katse

chat

legotlo

souris

pholo

bœuf

mpšha

chien

ntlwana ya mpšha

chenil

lethompo la seratswana

tuyau de jardin

khene ya meetse

arrosoir

peke

faucheuse

megoma ya terekere

charrue

sekele

faucille

mogoma

pioche

foroko

fourche

selepe

hache

kiribai

brouette

letangwana la meetsi

cuve

khene ya maswi

pot à lait

lesaka

sac

fense

clôture

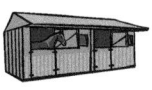

stable

étable

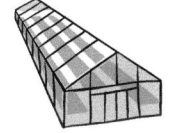

ntlwana ya galase ya
dihlare

serre

mobu

sol

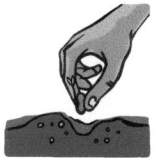

peu

semences

manyora

engrais

motšhene wa go buna

moissonneuse-batteuse

buna

récolter

buna

récolte

tse monate

igname

korong

blé

soy

soja

letapola

pomme de terre

korong

maïs

rapeseed

colza

mohlare wa dikenywa

arbre fruitier

cassava

manioc

disereale

céréales

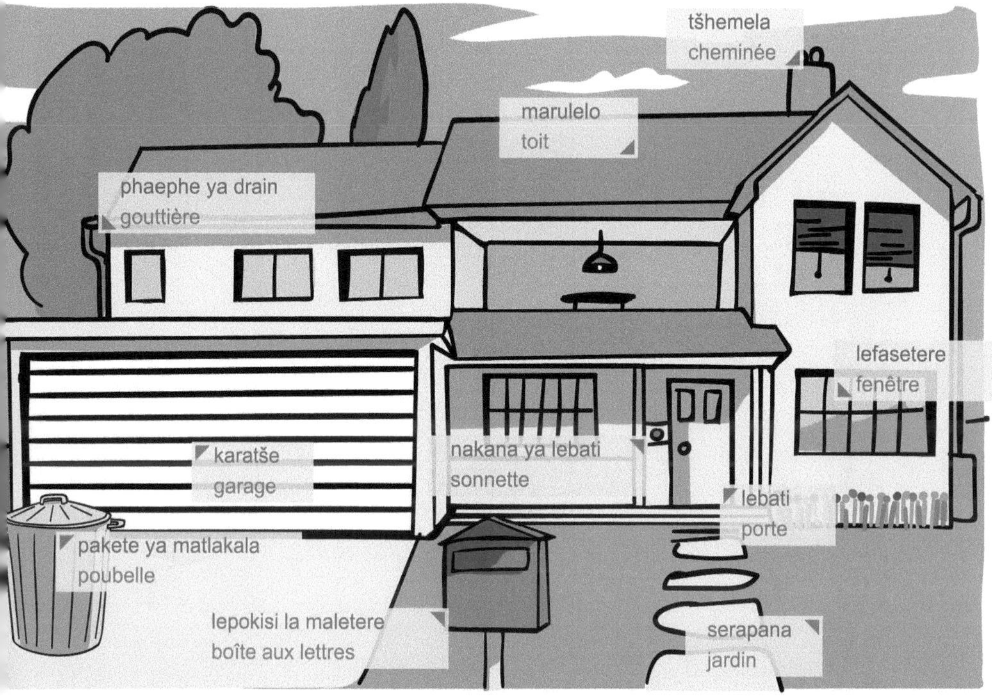

tšhemela
cheminée

marulelo
toit

phaephe ya drain
gouttière

lefasetere
fenêtre

karatše
garage

nakana ya lebati
sonnette

lebati
porte

pakete ya matlakala
poubelle

lepokisi la maletere
boîte aux lettres

serapana
jardin

phapoši ya go dula
salon

kamora ya go hlapela
salle de bain

boapeelo
cuisine

phapoši ya go robala
chambre à coucher

phapoši ya bana
chambre d'enfant

lefelo la boiketlo
salle à manger

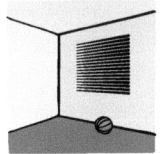

fase
sol

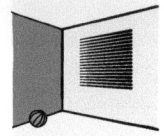

lebota
mur

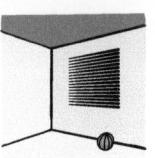

siling
plafond

cellar
cave

sauna
sauna

letsikangope
balcon

lelapa
terrasse

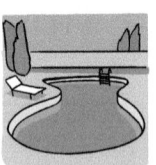

letamo la go rutha
piscine

motšhene wa go sega bjang
tondeuse à gazon

lešela la go iphomola
housse

lešela la mpeto
couette

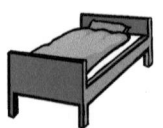

mpeto
lit

leswielo
balai

pakete
sceau

pholaka
interrupteur

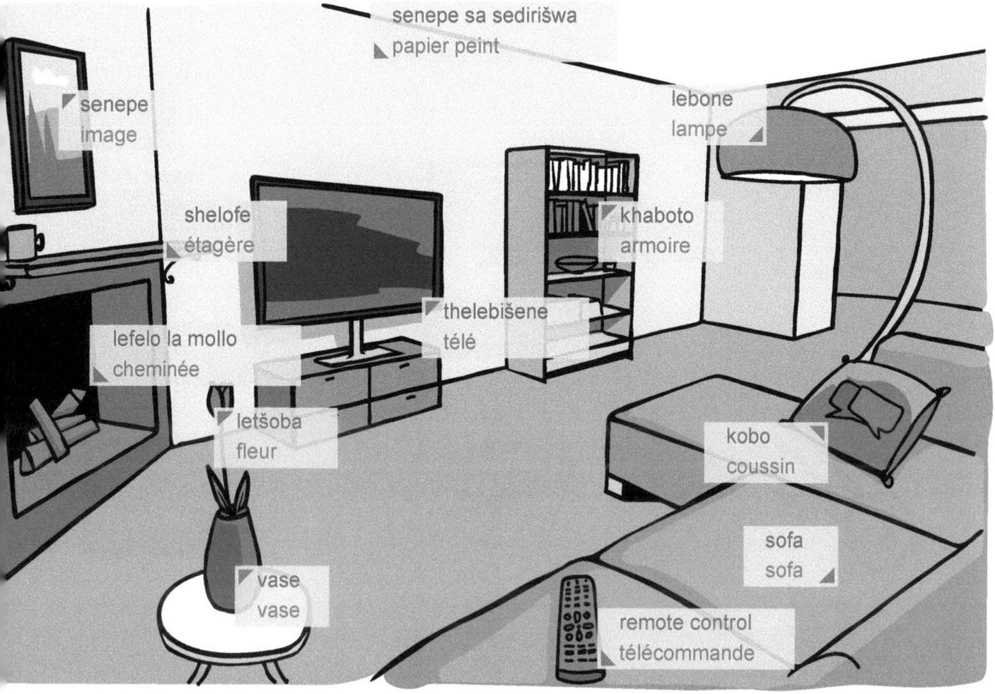

senepe sa sedirišwa
papier peint

senepe
image

lebone
lampe

shelofe
étagère

khaboto
armoire

lefelo la mollo
cheminée

thelebišene
télé

letšoba
fleur

kobo
coussin

sofa
sofa

vase
vase

remote control
télécommande

khaphete

tapis

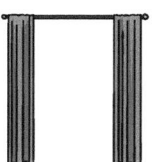

garetene

rideau

tafola

table

setulo

chaise

rocking chair

chaise à bascule

armchair

fauteuil

buka

livre

kobo

couverture

bokgabišo

décoration

dikota tša mollo

bois de chauffage

filimi

film

sedirišwa sa hi-fi

chaîne hi-fi

senotlelo

clé

kuranta

journal

go penta

peinture

phouseta

poster

radio

radio

pukwana ya go ngwala

bloc-notes

motšhene wa go hlwekiša

aspirateur

mohlašana wa cactus

cactus

kerese

bougie

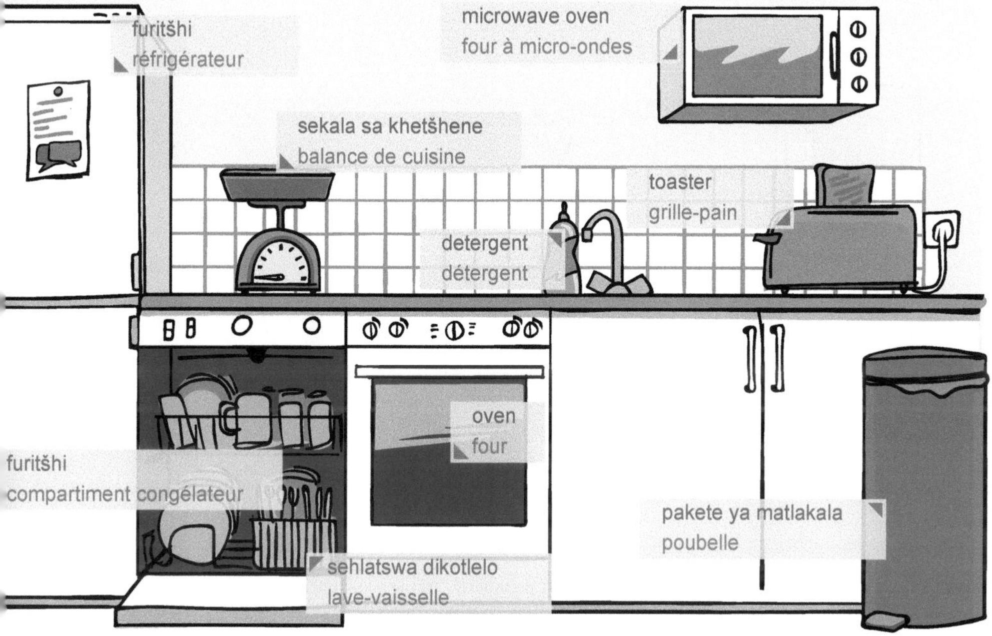

furitšhi
réfrigérateur

microwave oven
four à micro-ondes

sekala sa khetšhene
balance de cuisine

toaster
grille-pain

detergent
détergent

oven
four

furitšhi
compartiment congélateur

pakete ya matlakala
poubelle

sehlatswa dikotlelo
lave-vaisselle

moapei
four

pitša
casserole

cast-iron pot
marmite

wok / kadai
wok / kadai

pane
poêle

ketlele
bouilloire electrique

steamer

cuiseur vapeur

therei ya go paka

plaque de cuisson

dikotlelo

vaisselle

komiki

gobelet

mogopo

coupe

diphathana tša go ja

baguettes

lelepola la ladle

louche

spatula

spatule

whisk

fouet

strainer

passoire

sefo

tamis

kereitara

râpe

mortar

mortier

barbecue

barbecue

thuntšha

cheminée

boto ya dijo

planche à découper

rolling pin

rouleau à pâtisserie

sebula lepotlelo

tire-bouchon

khene

boîte

sebula khene

ouvre-boîte

seswara dipoto

maniques

sinki

lavabo

borashe

brosse

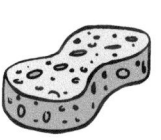

sepontše

éponge

sehlakanyi

mixeur

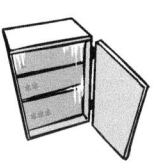

freezer

congélateur

lepotlelo la ngwana

biberon

pompi

robinet

kamora ya go hlapela

salle de bain

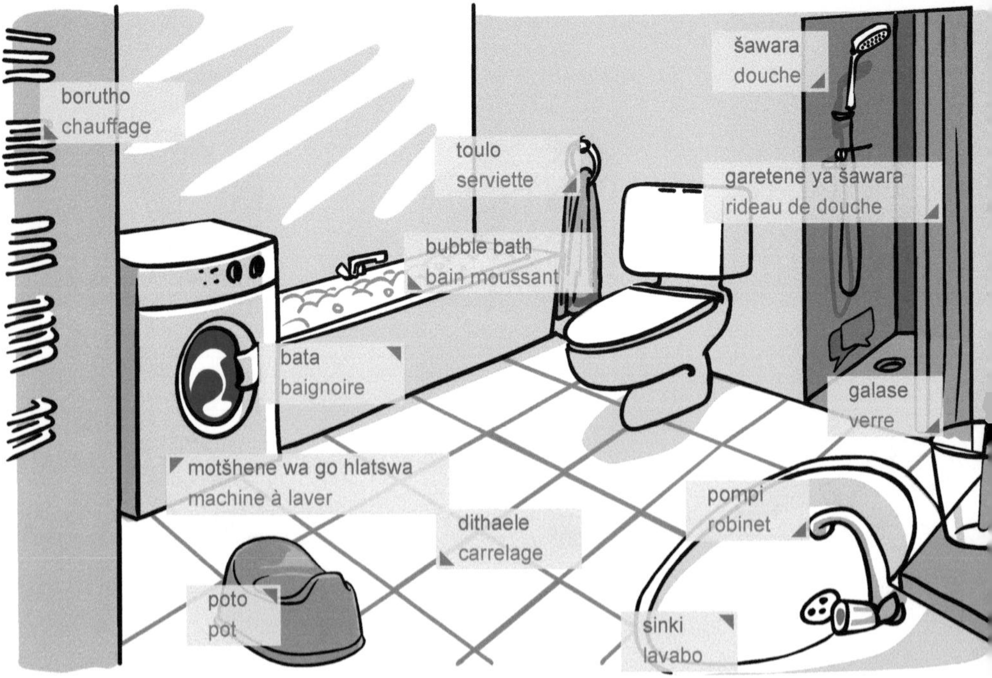

borutho
chauffage
toulo
serviette
šawara
douche
garetene ya šawara
rideau de douche
bubble bath
bain moussant
bata
baignoire
galase
verre
motšhene wa go hlatswa
machine à laver
pompi
robinet
dithaele
carrelage
poto
pot
sinki
lavabo

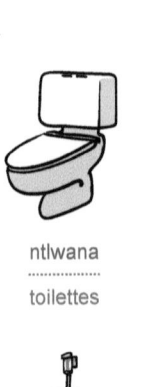

ntlwana

toilettes

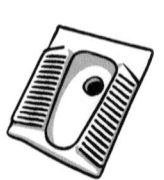

ntlwana ya ho tshorama

toilette à la turque

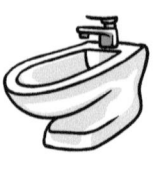

bidet

bidet

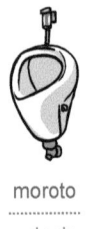

moroto

urinoir

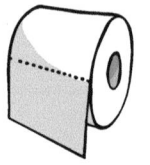

pampiri ya ntlwana

papier toilette

borašе ya ntlwana

brosse à toilette

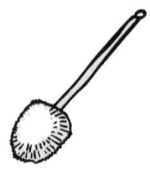

raše ya ho hlapa meno

brosse à dents

sešepi sa meno

dentifrice

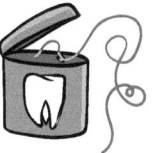

floss ya meno

fil dentaire

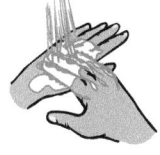

hlatswa

laver

shawara ya go swarwa ka matsogo

douche manuelle

douche

douche intime

basin

vasque

back brush

brosse dorsale

sešepi

savon

ešepi sa ka šawareng

gel douche

shampoo

shampooing

folene

gant de toilette

drain

écoulement

sa go tlola

crème

senkgiša bose

déodorant

seipone

miroir

sepili se senyenyane

miroir cosmétique

legare

rasoir

shaving foam

mousse à raser

aftershave

après-rasage

kamo

peigne

boraše

brosse

derayara ya moriri

sèche-cheveux

setlola sa moriri

laque pour cheveux

makeup

fond de teint

setlola sa molomo

rouge à lèvres

varnish ya manala

vernis à ongles

wulu

ouate

sekero sa dinala

coupe-ongles

phefumo

parfum

ɔekana ya tša go hlapa

trousse de toilette

setulo

tabouret

sekala

pèse-personne

toulwana ya go hlapa

peignoir

ditlelafo tša rabara

gants de nettoyage

tampon

tampon

toulo ya go phumula matsogo

serviettes hygiéniques

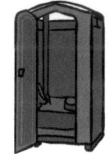

ntlwana ya dikhemikhale

toilette chimique

phapoši ya bana
chambre d'enfant

watšhe ya alamo
réveil
mpopi
doudou
koloi ya go bapadiša
voiture jouet
rattle ya bana
hochet
ntlo ya mepopi
maison de poupée
present
cadeau

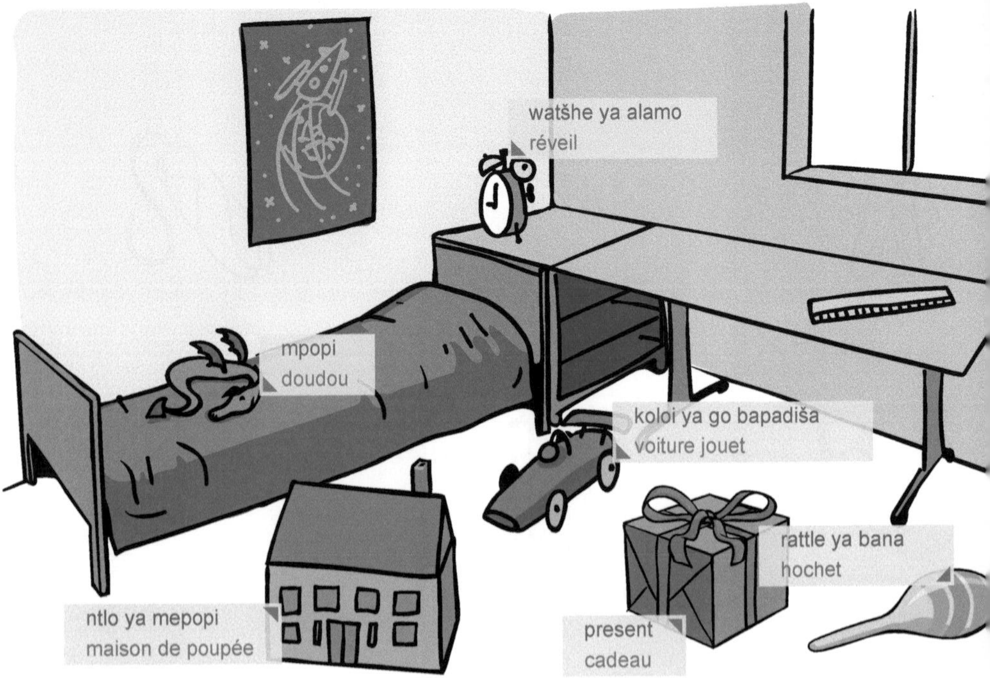

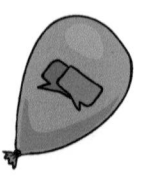

baluni

ballon

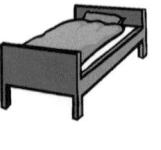

mpeto

lit

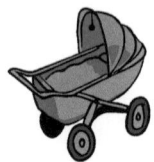

phorema

poussette

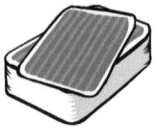

dikarata

jeu de cartes

papadi ya jigsaw

puzzle

SUPER MEGA

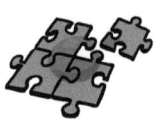

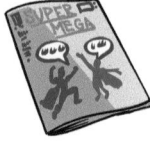

metlae

bande dessinée

papadi ya lego bricks

pièces lego

papadi ya building blocks

blocs de construction

action figure

figurine

go gola ga ngwana

grenouillère

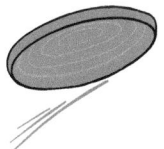

papadi ya Frisbee

frisbee

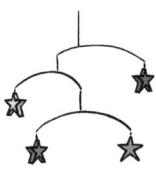

mobile

mobile

papadi ya boto

jeu de société

letaese

dé

model train set

train miniature

tami

sucette

phathi

fête

puku ya dinepe

livre d'images

kgwele

balle

mpopi

poupée

bapala

jouer

sandpit

bac à sable

swing

balançoire

tša go bapadiša

jouets

sediriŝwa sa dipapadi tša bidio

console de jeu

paesekele ya bana

tricycle

teddy bear

ours en peluche

oteropo

armoire

diaparo

vêtements

masokisi

chaussettes

masokisi

bas

pentihouso

collant

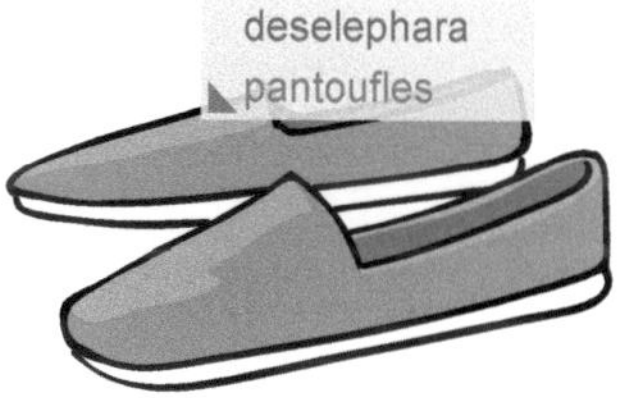

sekhafo
écharpe

amporela
parapluie

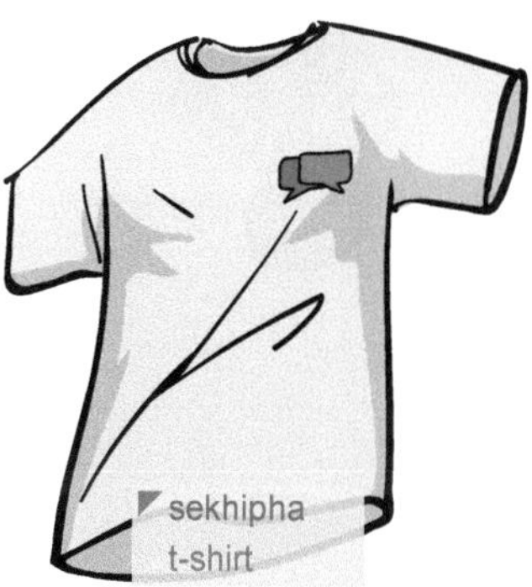

sekhipha
t-shirt

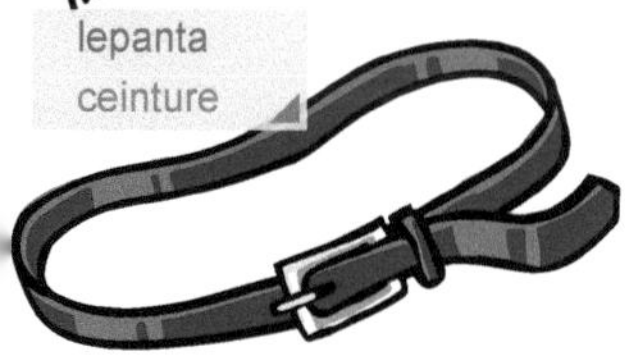

lepanta
ceinture

diputsu
bottes

deselephara
pantoufles

diteki
baskets

ramphešane
sandales

dieta
chaussures

diputsu tša rabara
bottes de caoutchouc

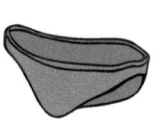

orokgwana bja ka fase
sous-vêtements

seaparo sa bra
soutien-gorge

besete
maillot de corps

diaparo - vêtements

45

mmele
body

marokgo
pantalon

pokathe
jean

sekhethe
jupe

seaparo sa blouse
chemisier

hempe
chemise

jase
pull

jase
sweat à capuche

seaparo sa blazer
veste

baki
veste

jase
manteau

jase ya pula
imperméable

khosetumo
costume

roko
robe

lešira
robe de mariée

sutu
costume

seaparo sa go robala
chemise de nuit

dipejama
pyjama

sari
sari

sekafo
foulard

turban
turban

seaparo sa burqa
burqa

roko ya kaftan
caftan

abaya
abaya

seaparo sa go rutha
maillot de bain

diteranka
maillot de bain

marukgwana a manyenyane
short

terekesutu
'enue d'entraînement

apron
tablier

ditlelafo
gants

konope

bouton

digalase

lunettes

boreiselete

bracelet

nekeleise

collier

palamonwana

bague

lengena

boucle d'oreille

kepisi

bonnet

hengere ya jase

cintre

kefa

chapeau

thai

cravate

zip

fermeture éclair

helmete

casque

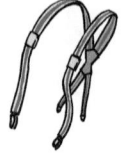

braces

bretelles

diaparo tša sekolo

uniforme scolaire

unifomo

uniforme

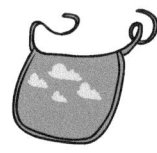

seaparo sa bib

bavoir

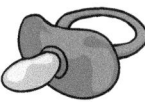

tami

sucette

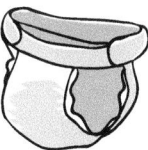

mongato

lange

ofisi

bureau

sebara
serveur
lekase la difaele
armoire d'archivage
phrinthara
imprimante
etlakala
papier
monitharaw
écran
mouse
souris
tafola
bureau
foldara
classeur
keybhoto
clavier
e ya matlakala a ditšhila
à papier
setulo
chaise
khomphutha
ordinateur

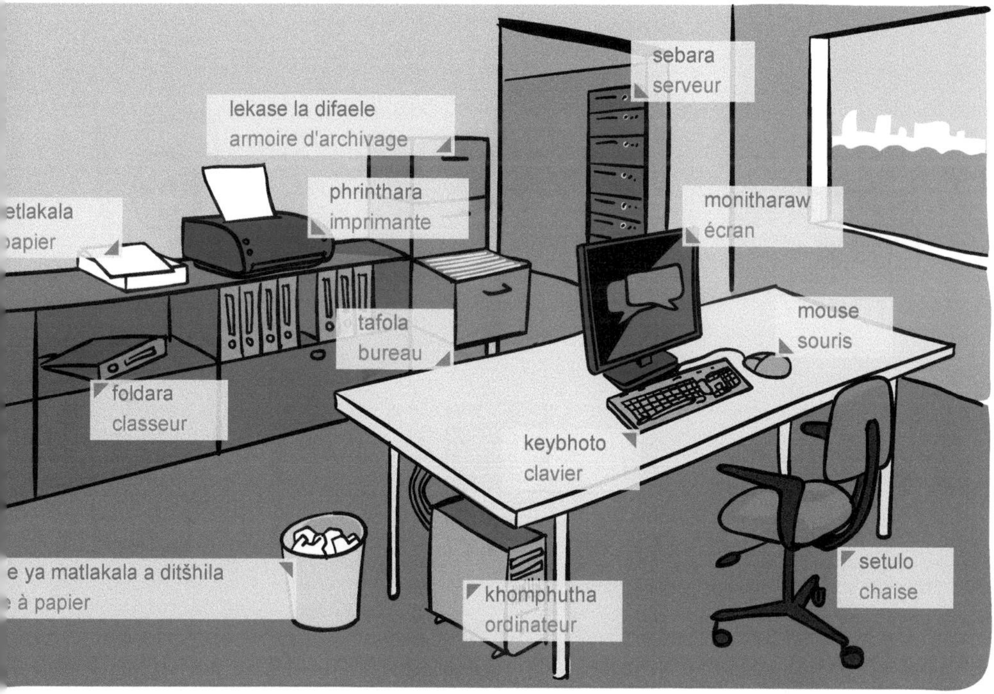

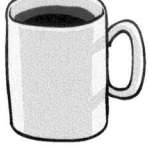

komiki ya kofi

tasse de café

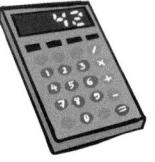

khalekhuleitha

calculatrice

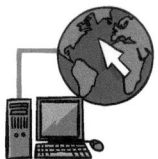

inthanete

internet

laptop

ordinateur portable

lengwalo

lettre

molaetša

message

mogalathekeng

portable

netweke

réseau

motšhene wa go photokhopa

photocopieuse

software

logiciel

mogala

téléphone

pholaka ya sokete

prise

motšhine wa go fekesa

fax

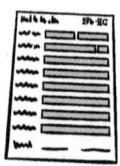

fomo

formulaire

dipampiri

document

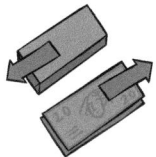

reka
....
acheter

lefa
....
payer

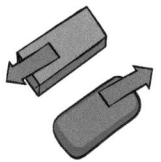

rekiša
....
faire du commerce

tšhelete
....
monnaie

USD

dollar
....
dollar

EUR

euro
....
euro

JPY

yen
....
yen

RUB

rouble
....
rouble

CHF

Swiss franc
....
franc suisse

CNY

renminbi yuan
....
renminbi yuan

INR

rupee
....
roupie

lefelo la go ntšha tšhelete
....
distributeur automatique

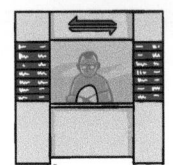

lefelo la go fetola tšhelete

bureau de change

gauta

or

silifera

argent

oil

pétrole

matla

énergie

poraese

prix

konteraka

contrat

motšhelo

taxe

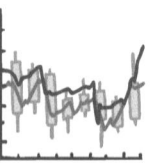

setokho

action

mošomo

travailler

mošomi

employé

mothwadi

employeur

feketori

usine

lebenkele la dijo

magasin

bodulo
professions

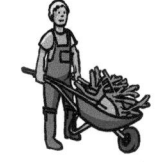

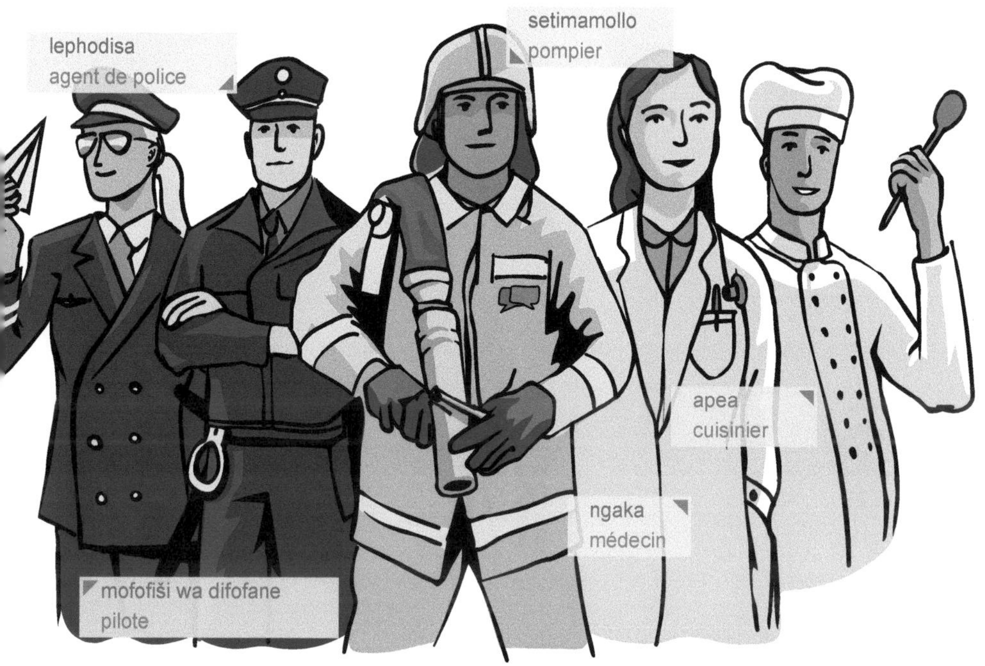

lephodisa
agent de police
setimamollo
pompier
apea
cuisinier
ngaka
médecin
mofofiši wa difofane
pilote

hlokomedi wa dirapana

jardinier

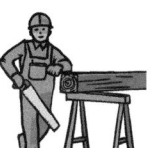

mmetli

menuisier

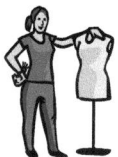

moroki

couturière

moahlodi

juge

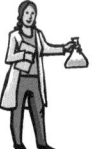

khemise

chimiste

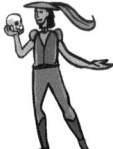

mmapadi

acteur

mootledi wa pase

conducteur de bus

mootledi wa thekisi

chauffeur de taxi

moswara dihlapi

pêcheur

mosadi wa go hlwekiša

femme de ménage

molokiša marulelo

couvreur

weithara

serveur

motsomi

chasseur

motho wa go penta

peintre

mopaki

boulanger

electrician

électricien

moagi

ouvrier

moenjeneare

ingénieur

selaga

boucher

polambara

plombier

mosepediši wa poso

facteur

mohlabani

soldat

mothadi wa dintlo

architecte

morekiši

caissier

molemi wa matšoba

fleuriste

mologi wa moriri

coiffeur

molaodi

contrôleur

mekhenikhe

mécanicien

mokapotene

capitaine

ngaka ya meno

dentiste

rathutamahlale

scientifique

moruti

rabbin

moetapele wa dithapelo

imam

monk

moine

moruti

prêtre

didirišwa

outils

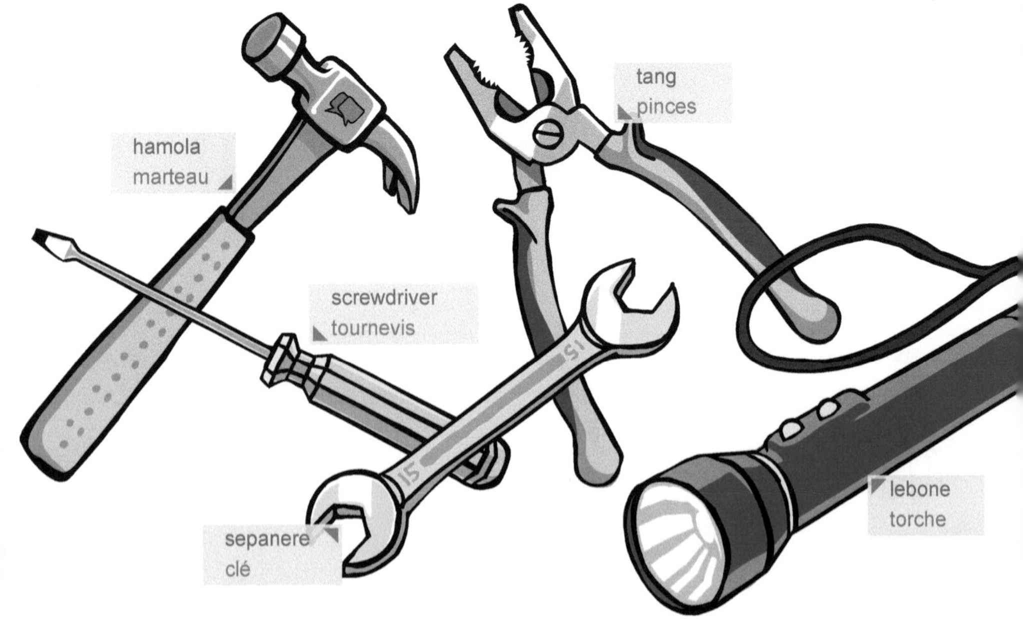

hamola
marteau
tang
pinces
screwdriver
tournevis
sepanere
clé
lebone
torche

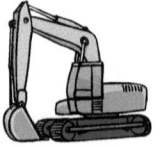

seepi

pelleteuse

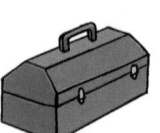

lepokisi la dithulusi

boîte à outils

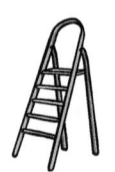

llere

échelle

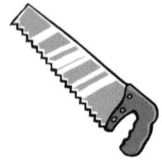

saga

scie

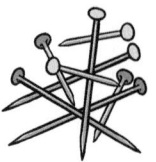

dipikiri

clous

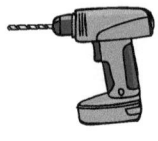

sebori

perceuse

lokiša
réparer

garafo
pelle

ijoo!
Mince !

seolela matlakala
pelle

pitša ya pente
pot de peinture

sekurufu
vis

didirišwa tša mmino
instruments de musique

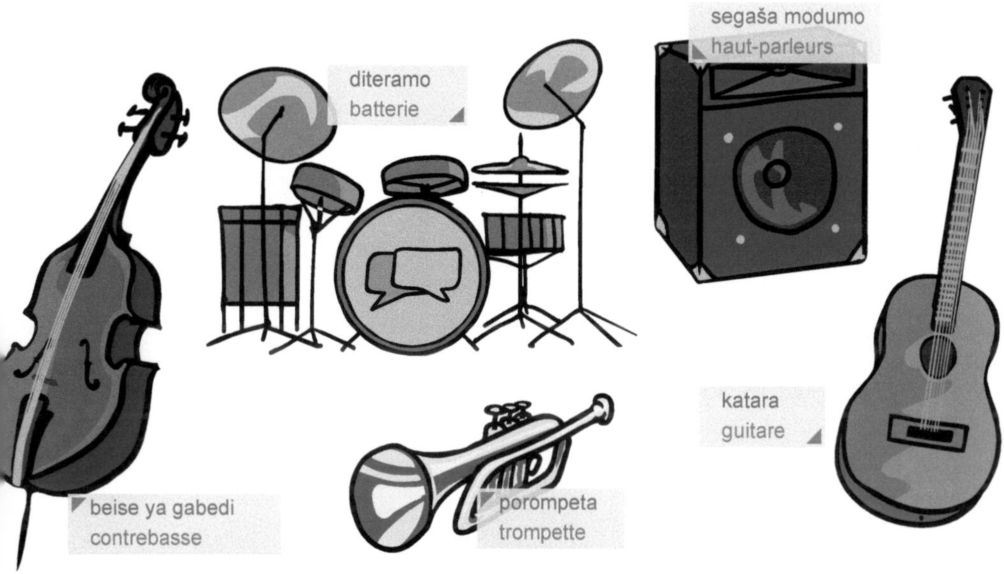

diteramo
batterie

segaša modumo
haut-parleurs

katara
guitare

beise ya gabedi
contrebasse

porompeta
trompette

piano

piano

violin

violon

beise

basse

timpani

timbales

diteramo

tambour

keybhoto

piano électrique

saxophone

saxophone

phala

flûte

mmaekrofouno

microphone

zuu

zoo

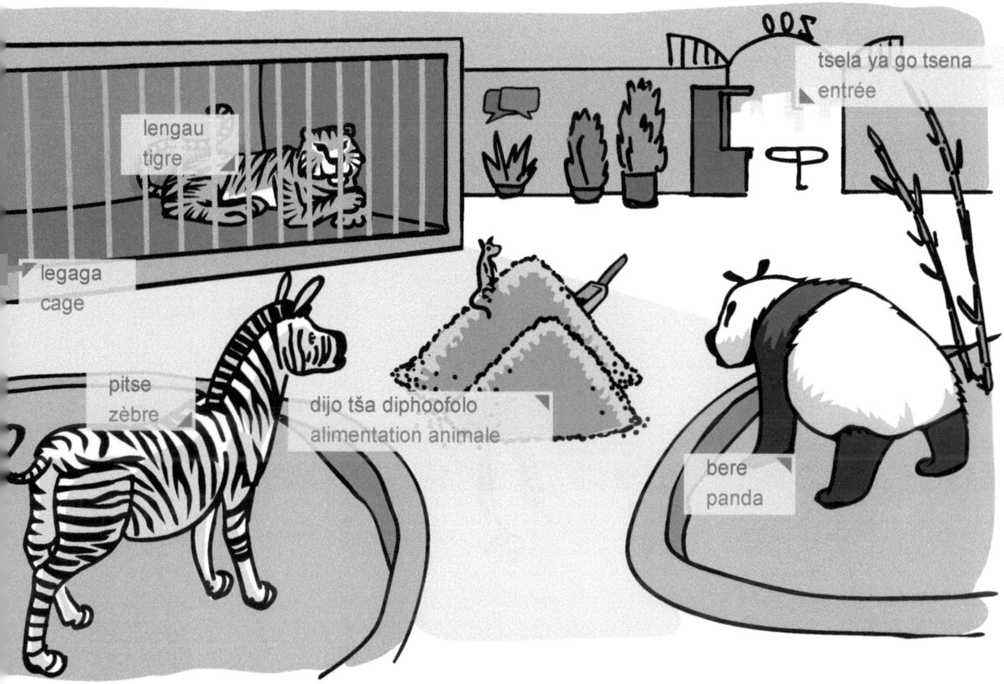

tsela ya go tsena
entrée
lengau
tigre
legaga
cage
pitse
zèbre
dijo tša diphoofolo
alimentation animale
bere
panda

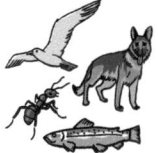

diphoofolo

animaux

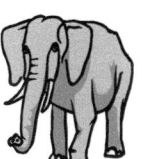

tlou

éléphant

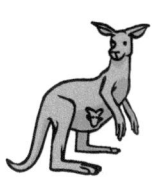

kangaroo

kangourou

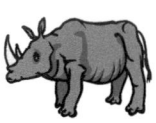

tšhukudu

rhinocéros

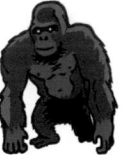

gorilla

gorille

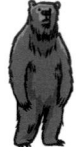

bere

ours

kamela

chameau

mpšhe

autruche

tau

lion

tšhwene

singe

nonyana ya flamingo

flamand rose

nonyana ya parrot

perroquet

bere ya polar

ours polaire

penguin

pingouin

shark

requin

phikoko

paon

noga

serpent

kwena

crocodile

mohlokomedi wa di zoo

gardien de zoo

sili

phoque

jaquar

jaguar

pokolo

poney

lepogo

léopard

hippo

hippopotame

thutlwa

girafe

lenong

aigle

kolobe ya naga

sanglier

hlaphi

poisson

khudu

tortue

walrus

morse

phiri

renard

phuthi

gazelle

kgwele ya Amerika
american Football

go reila paesekela
cyclisme

thenese
tennis

basketball
basket-ball

go rutha
natation

ntwa ya matswele
boxe

hockey ya lehlweng
hockey sur glace

kgwele ya maoto
football

badminton
badminton

bakitimi
athlétisme

polo ya matsogo
handball

skiing
ski

polo
polo

mediro
activités

taboga
sauter
gokara
embrasser
sega
rire
sepela
marcher
opela
chanter
lora
rêver
rapela
prier
atla
faire la bise

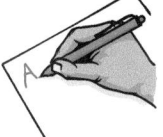

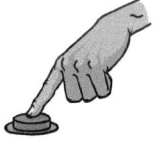

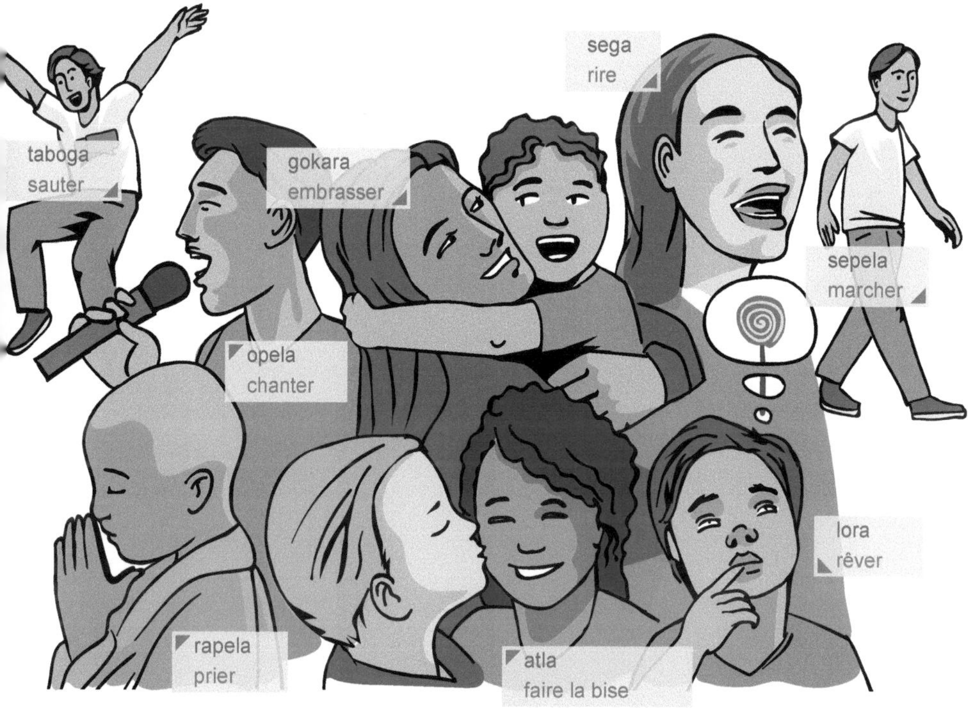

ngwala
écrire

thala
dessiner

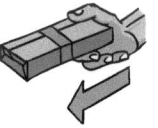

bontšha
montrer

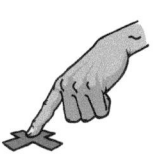

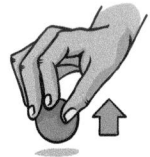

kgorometša
pousser

efa
donner

tšea
prendre

e ba le

avoir

dira

faire

eba

être

ema

être debout

kitima

courir

goga

trier

lahlela

jeter

e wa

tomber

maaka

être couché

emanyana

attendre

rwala

porter

dula

être assis

go apara

s'habiller

robala

dormir

tsoga

se réveiller

lebelela

regarder

lla

pleurer

seterouko

caresser

kamo

peigner

bolela

parler

kwešiša

comprendre

botšiša

demander

theetša

écouter

e nwa

boire

eja

manger

hlwekiša

ranger

lerato

aimer

apea

cuire

otlela

conduire

fofa

voler

sesa

faire de la voile

khalekhuleitha

calculer

bala

lire

ithute

apprendre

mošomo

travailler

nyala

se marier

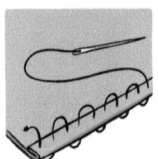

roka

coudre

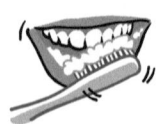

hlapa meno

brosser les dents

bolaya

tuer

kgoga

fumer

romela

envoyer

lelapa
famille

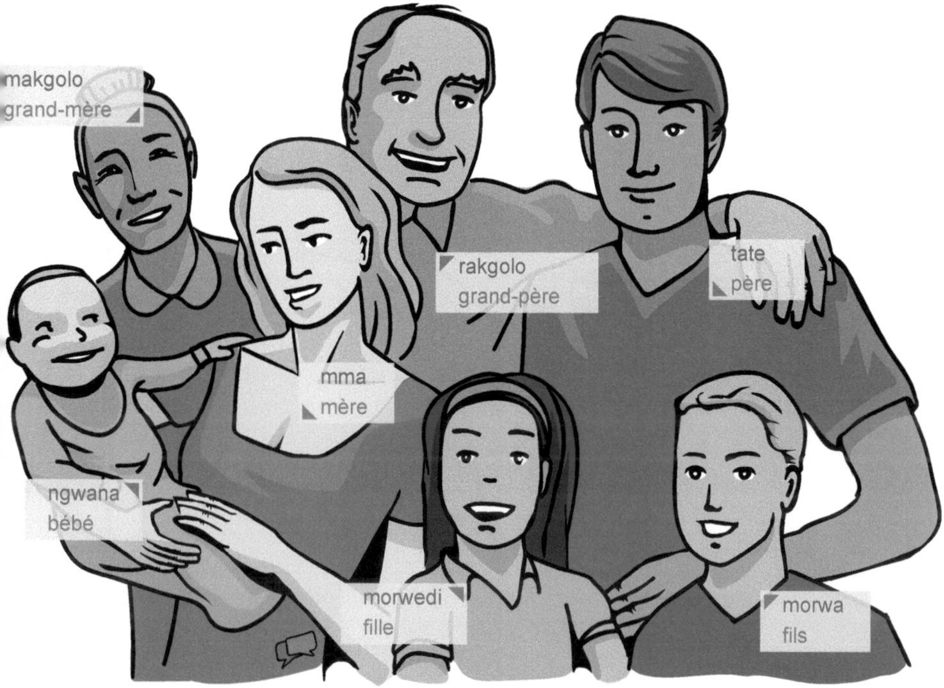

makgolo
grand-mère
rakgolo
grand-père
tate
père
mma
mère
ngwana
bébé
morwedi
fille
morwa
fils

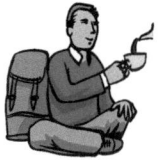

moeng
hôte

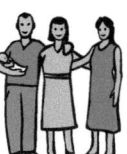

rakgadi
tante

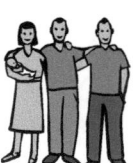

malome
oncle

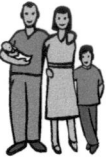

abuti
frère

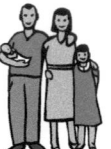

sesi
sœur

mmele

corps

phatla
front
leihlo
œil
magetla
épaule
monwana
doigt
sefahlego
visage
seledu
menton
seatla
main
leoto
jambe
letswele
poitrine
letsogo
bras

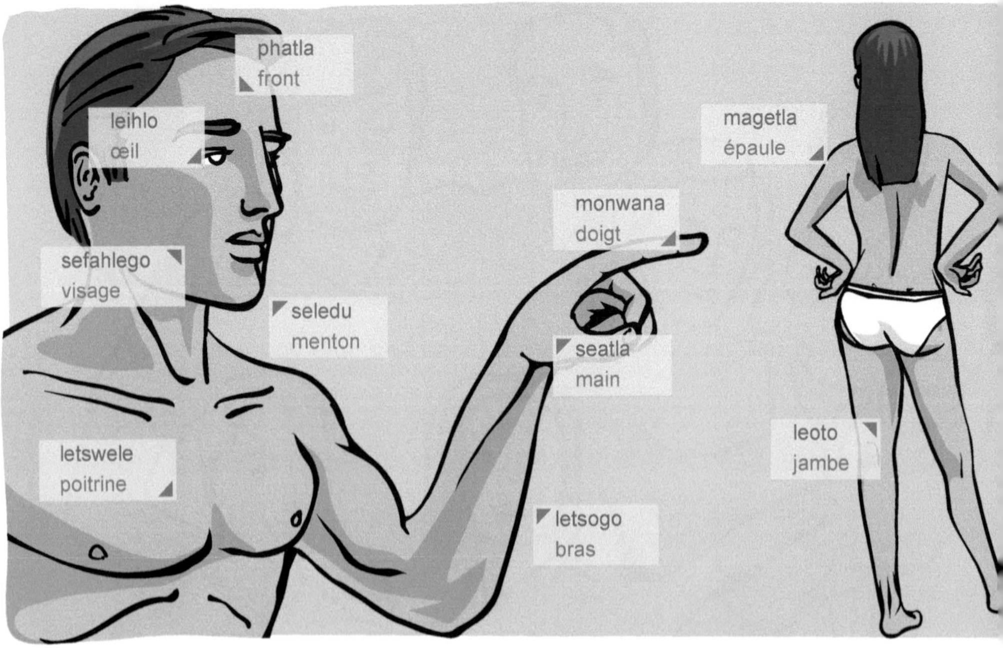

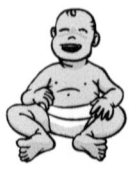

ngwana

bébé

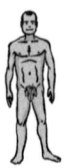

monna

homme

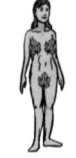

mosadi

femme

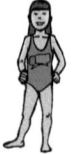

kgarebe

fille

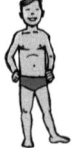

mošemane

garçon

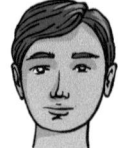

hlogo

tête

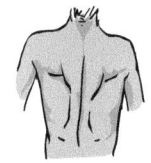

morago

dos

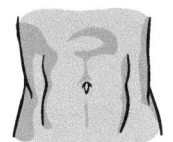

mokhaba

ventre

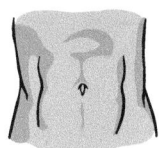

mokhubu

nombril

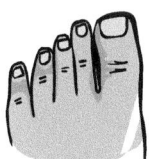

monwana

orteil

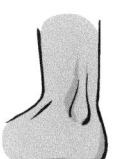

tlhako

talon

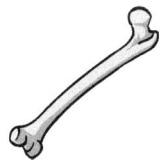

lerapo

os

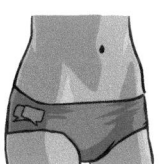

matheka

hanche

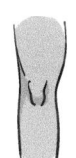

leoto

genou

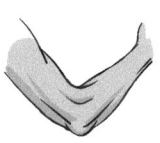

khuru

coude

nko

nez

tlase

fesses

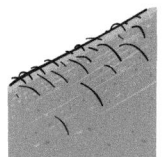

letlalo

peau

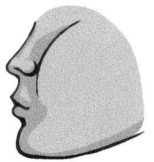

lerama

joue

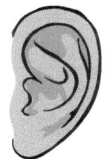

tsebe

oreille

molomo

lèvre

molomo

bouche

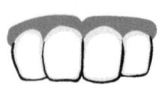

leino

dent

Leleme

langue

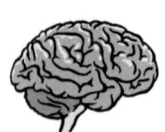

bjoko

cerveau

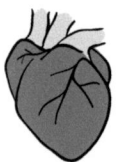

pelo

cœur

segoba

muscle

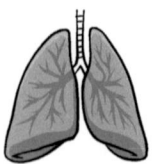

maswafo

poumons

sebete

foie

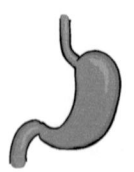

mala

estomac

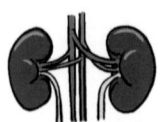

diphsio

reins

thobalano

rapport sexuel

condom

préservatif

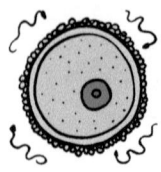

Ovum

ovule

matshedi

sperme

go ima

grossesse

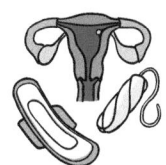

go bona kgwedi
....
menstruation

setho sa bosadi
....
vagin

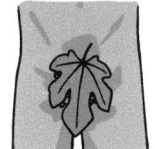

setho sa bonna
....
pénis

dintši
....
sourcil

moriri
....
cheveux

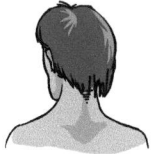

molala
....
cou

sepetlele
hôpital

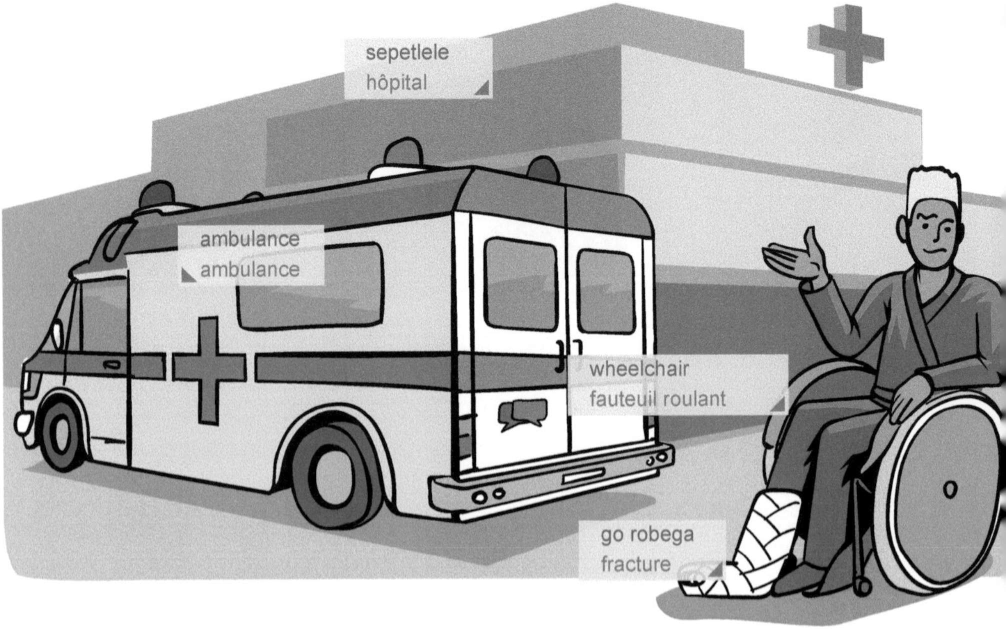

sepetlele
hôpital
ambulance
ambulance
wheelchair
fauteuil roulant
go robega
fracture

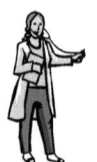

ngaka

médecin

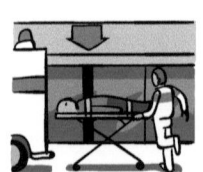

phapoši ya tša tšhoganetšo

service des urgences

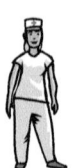

mooki

infirmière

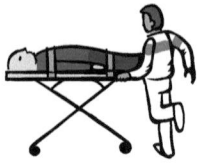

tšhoganetšo

urgence

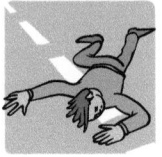

go idibala

inconscient

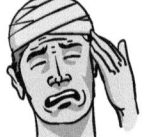

bohloko

douleur

go gobala

blessure

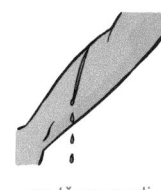

go tšwa madi

hémorragie

bolwetši bja pelo

crise cardiaque

setorouko

attaque cérébrale

ge mmele o ganana le dijo

allergie

go gohlola

toux

go gohlola

fièvre

sehuba

grippe

letšhollo

diarrhée

go opa ke hlogo

mal de tête

kankere

cancer

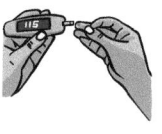

swikiri

diabète

mmui

chirurgien

thipa ya scalpel

scalpel

go bulwa

opération

CT

CT

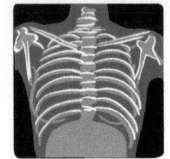

x-ray

radiographie

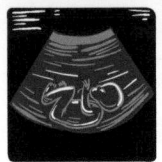

ultrasound

échographie

sethiba sefahlego

masque

bolwetši

maladie

phapoši ya go leta

salle d'attente

lehlotlo

béquille

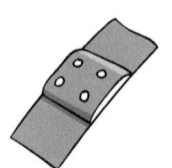

sedirišwa sa plaster

pansement

lešela la ntho

pansement

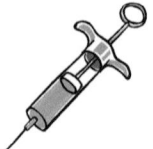

nalete

injection

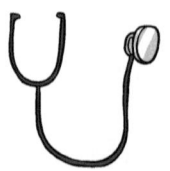

sthehosekoupo

stéthoscope

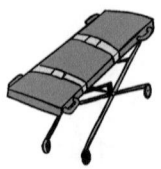

seteretšhara

brancard

themoketha ya kgathelelo

thermomètre

go belebga

accouchement

mmele o mogolo

surcharge pondérale

sethuša ditsebe

appareil auditif

disinfectant

désinfectant

twatši

infection

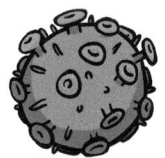

baerase

virus

HIV / AIDS

VIH / sida

dihlare

médicament

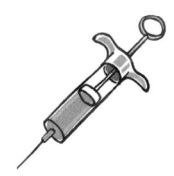

tlhabelo ya go thibela malwetši

vaccination

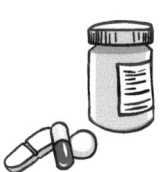

dipilisi

comprimés

pilisi

pilule

ogala wa tšhoganetšo

appel d'urgence

sehlahlobi sa pelo

tensiomètre

go babja / phetše gabotse

malade / sain

Thušo!

Au secours !

alamo

alarme

go tšhošetšwa

assaut

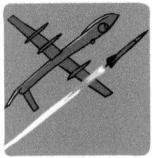

tlhaselo

attaque

kotsi

danger

go tšwa ka tšhoganetšo

sortie de secours

Mollo!

Au feu!

setimamollo

extincteur

kotsi

accident

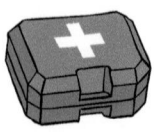

first-aid kit

trousse de premier secours

SOS

SOS

maphodisa

police

Yuropa

Europe

Amerika Bodikela

Amérique du Nord

Amerika Borwa

Amérique du Sud

Afrika

Afrique

Asia

Asie

Australia

Australie

Atlantic

Océan atlantique

Pacific

Océan pacifique

Lewatle la India

Océan indien

Lewatle la Antarctic

Océan antarctique

Lewatle la Arctic

Océan arctique

North Pole

pôle nord

South Pole

pôle sud

Antarctica

Antarctique

Lefase

terre

naga

pays

noka

mer

island

île

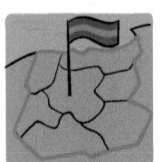

naga

nation

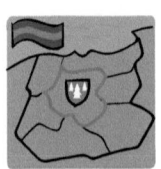

state

état

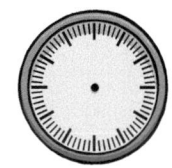

ešupanako sa dinomoro

cadran

diiri tša sešupanako

aiguille des heures

metsotso ya sešupanako

aiguille des minutes

metsotswana ya
sešupanako

aiguille des secondes

Ke nako mang?

Quelle heure est-il ?

letšatši

jour

nako

temps

gona bjale

maintenant

sešupanako sa dinomoro

montre digitale

metsotso

minute

iri

heure

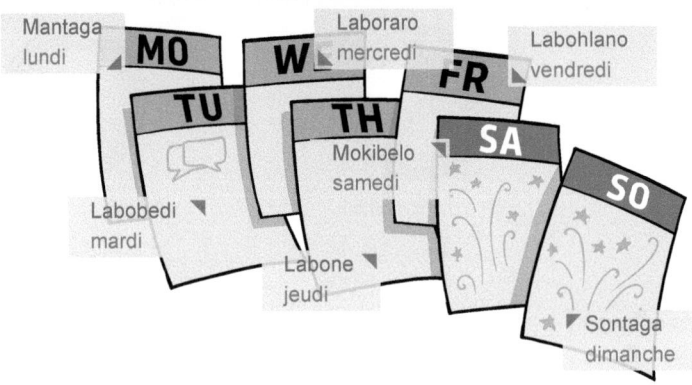

Mantaga / lundi — MO
Labobedi / mardi — TU
Laboraro / mercredi — W
Labone / jeudi — TH
Labohlano / vendredi — FR
Mokibelo / samedi — SA
Sontaga / dimanche — SO

maobane
....
hier

lehono
....
aujourd'hui

ka moswana
....
demain

mesong
....
matin

Thapama
....
midi

mantšiboa
....
soir

matšatši a kgwebo
....
jours ouvrables

mafelobeke
....
week-end

ngwaga
année

pula
pluie
molalatladi
arc-en-ciel
phefo
vent
lehlwa
neige
seruthwane
printemps
lehlabula
automne
selemo
été
marega
hiver

4.APRIL 11°
5.APRIL 4°
6.APRIL 13°
7.APRIL 8°
8.APRIL 10°

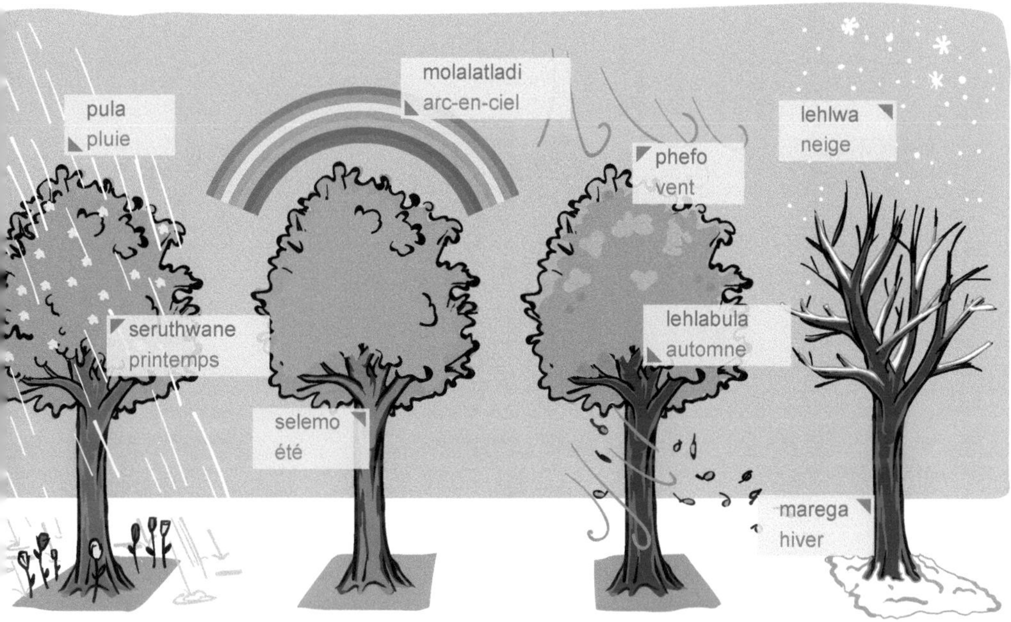

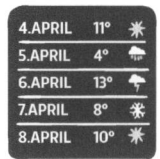

tsebišo ya leratadima

météo

F C
120 40
90 30
60 20
30 10
0 0
-30 -10
-20

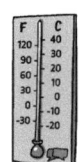

thermometer

thermomètre

mahlasedi a letšatši

lumière du soleil

maru

nuage

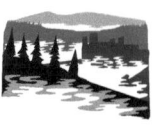

kgudi

brouillard

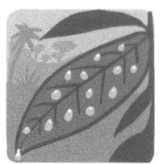

go koloba

humidité

legadima

foudre

legadima

tonnerre

ledimo

tempête

sefako

grêle

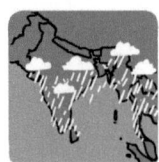

ledimo

mousson

lefula

inondation

lehlwa

glace

January

janvier

February

février

March

mars

April

avril

May

mai

June

juin

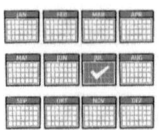

July

juillet

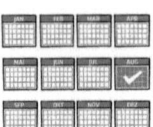

August

août

September
....
septembre

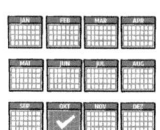

October
....
octobre

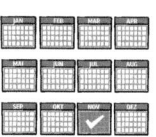

November
....
novembre

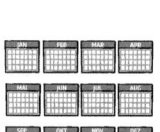

December
....
décembre

dibopego
formes

nthokolo
....
cercle

sekwere
....
carré

rectangle
....
rectangle

theraekele
....
triangle

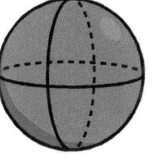

nthokolo
....
sphère

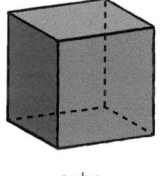

cube
....
cube

tshweu

blanc

kheri

jaune

namone

orange

pinki

rose

khubedu

rouge

phepholo

violet

pududu

bleu

tala

vert

tshehla

marron

kerei

gris

bontsho

noir

e dintši / tše dinyenyane

beaucoup / peu

befetšwe / theotše maswafo

fâché / calme

botse / befile

joli / laid

mathomo / mafelelo

début / fin

kgolo / nyenyane

grand / petit

seetša / leswiswi

clair / obscure

abuti / sesi

frère / soeur

hlwekile / ditšhila

propre / sale

feletše / ga se e felele

complet / incomplet

mosegare / bošego

jour / nuit

hwile / o sa phela

mort / vivant

go bulega / go tswalelega

large / étroit

e a jega / ga e jege

comestible / incomestible

bobe / go loka

méchant / gentil

mahlahlo / go tšwafa

excité / ennuyé

bokoto / bosese

gros / mince

mathomo / mafelelo

premier / dernier

mogwera / lenaba

ami / ennemi

e tletše / ga e na selo

plein / vide

tiile / e bonolo

dur / souple

ya roba / e bobebo

lourd / léger

tlala / mokhoro

faim / soif

go babja / phetše gabotse

malade / sain

ga e molaong / e molaong

illégal / légal

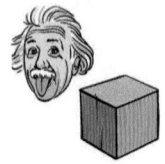

bohlale / lešilo

intelligent / stupide

le letshadi / le letona

gauche / droite

kgaufsi / kgole

proche / loin

mapsha / e dirišitšwe

nouveau / usé

selo / se sengwe

rien / quelque chose

motšofadi / mofsa

vieux / jeune

laeta / tima

marche / arrêt

bula / tswalela

ouvert / fermé

homola / rasa

faible / fort

go huma / go diila

riche / pauvre

e lokilego / e sa lokago

correct / incorrect

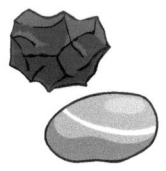

makgwakgwa / go thelela

rugueux / lisse

go nyama / go thaba

triste / heureux

mokopana / motelele

court / long

go nanya / go kitima

lent / rapide

go koloba / go oma

mouillé / sec

borutho / go tonya

chaud / froid

ntwa / khutšo

guerre / paix

0

nnoto

zéro

1

tee

un / une

2

pedi

deux

3

tharo

trois

4

nne

quatre

5

tlhano

cinq

6

tshela

six

7

šupa

sept

8

seswai

huit

9

senyane

neuf

10

lesome

dix

11

lesome tee

onze

12

lesome pedi

douze

13

lesome tharo

treize

14

lesome nne

quatorze

15

lesome tlhano

quinze

16

lesome tshela

seize

17

lesome šupa

dix-sept

18

lesome seswai

dix-huit

19

lesome senyane

dix-neuf

20

masomepedi

vingt

100

lekgolo

cent

1.000

sekete

mille

1.000.000

milione

million

Seisemane

anglais

Seisemane sa Amerika

anglais américain

Sechina sa Mandarin

chinois mandarin

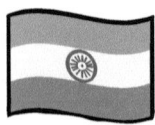

Sehindi

hindi

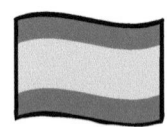

Spanish

espagnol

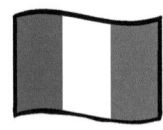

Sefora

français

Searabic

arabe

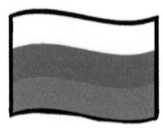

Serašia

russe

Sepotokisi

portugais

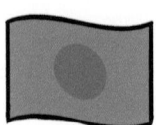

Sebengali

bengali

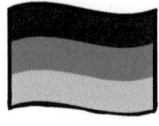

Sejeremane

allemand

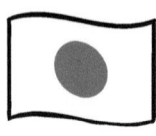

Sefapane

japonais

Nna

je

wena

tu

yena / yona

il / elle / ce, c', cela

rena

nous

wena

vous

bona

ils / elles

bomang?

Qui ?

eng?

Quoi ?

bjang?

Comment ?

mo kae?

Où ?

neng?

Quand ?

leina

nom

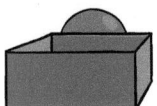

ka morago

derrière

go

dans

kgaufsi le

devant

godimo ga

au-dessus

go

sur

ka tlase ga

en-dessous

ka lehlakoreng la

à côté de

magareng ga

entre

lefelo

lieu